CONCLUSIONS

MOTIVÉES

POUR

LA COMMUNE DE CALUIRE

LYON

IMPRIMERIE DU SALUT PUBLIC

BELLON, RUE DE LYON, 33

—

1875

CONCLUSIONS MOTIVÉES

POUR

LA COMMUNE DE CALUIRE

En fait,

Attendu qu'à la date du 28 septembre 1870, M. Challemel-Lacour, Préfet du Rhône, commissaire-extraordinaire de la République, muni de pleins pouvoirs civils et militaires, en pleine possession de son autorité, autorité légale et non insurrectionnelle, après avoir triomphé des résistances du Comité de salut public, au moment et le jour même où il expulsait des écoles de Lyon les Frères de la doctrine chrétienne, au moment même où il occupait et utilisait, pour les besoins de la Défense nationale, les divers établissements religieux qui avaient été envahis le 4 septembre, a signé et approuvé une délibération du Conseil municipal de Caluire, aux termes de laquelle « *la patrie en danger ayant besoin de toutes les ressources de la France, l'établissement des Frères pouvait être converti en ambu-*

lance, caserne ou toute autre destination qui sera jugée nécessaire par le Comité de Défense nationale ; le Conseil municipal, à l'unanimité, *ordonne le départ des Frères. L'ordre leur sera signifié par trois adjoints de la Commune, accompagnés d'un piquet de gardes nationaux, lequel s'installera dans, l'établissement et à leurs frais jusqu'à complète évacuation. Un inventaire sera dressé par les trois adjoints ; »*

Attendu, qu'au moment où cette délibération était prise, le Maire qui la provoquait, le Conseil qui la prenait étaient eux aussi revêtus d'une autorité légale et non insurrectionnelle ;

Attendu que l'autorité du Maire, celle du Conseil municipal, et celle du Préfet se rattachaient l'une à l'autre hiérarchiquement, qu'elles se rattachaient les unes et les autres au Gouvernement d'alors, dont les décrets ont été reconnus légaux par la Cour de cassation ;

Attendu que cette délibération du Conseil municipal n'était rien sans l'approbation du Préfet ; qu'une délibération précédente du même Conseil relative à l'impôt avait été repoussée par le Préfet et non exécutée : qu'il en eût été de même de celle du 28 septembre ; que le Préfet en a donc la responsabilité toute entière, qu'il n'est pas douteux, sans entrer dans les sentiments qui ont fait agir les diverses personnes en cause, que le Préfet a poursuivi à Lyon et à Caluire un double but, spontanément ou pour obéir aux passions surexcitées du moment, expulser les Frères de la doctrine chrétienne et les autres ordres religieux, se servir de leurs établissements pour les besoins de la défense ;

Attendu que tout ce qui s'est passé postérieurement à Caluire implique et démontre tout à la fois la volonté raisonnée et réfléchie, et la responsabilité du Préfet, dans les actes accomplis ;

Attendu que la délibération a été exécutée le 28 ; qu'un ordre de service régulier a requis 34 gardes nationaux de se réunir et d'accompagner les trois adjoints ; que cet ordre de service n'indique nullement la mission qu'il y avait à remplir, qu'il se borne à désigner, dans les quatre compagnies, les hommes, officier, sous-officiers, gardes, qui seront de service.

Attendu que ce détachement précédé des trois adjoints ceints de leur écharpe s'est présenté porteur de l'ordre préfectoral, qu'il s'est installé dans l'établissement malgré la protestation de ceux qui l'occupaient ;

Attendu que cette protestation et cette résistance à l'ordre de sortir s'étant prolongées plusieurs jours, un piquet contenant le même nombre de gardes, renouvelé chaque jour, conformément à la délibération, est resté installé jusqu'à complète évacuation des propriétaires et des objets garnissant l'immeuble.

Attendu qu'il en a été ainsi jusqu'au 19 octobre, époque à laquelle M. Bellecart, capitaine de la garde nationale, a remis le poste aux mains des francs-tireurs de la mort ;

Attendu qu'aucune personne étrangère ne s'est introduite dans l'établissement ,

Que la consigne donnée aux hommes de garde a été de ne laisser entrer personne et de ne laisser rien sortir ;

Qu'il résulte des procès-verbaux produits par les adversaires, du procès-verbal dressé par l'huissier Borgat, que cette consigne a été exécutée ;

Attendu cependant que, sur la résistance des Frères, ordre a été donné par le Préfet, le 1er octobre, à la garde nationale de Lyon de prêter main forte à celle de Caluire ;

Attendu que cet ordre a été confirmé par le Préfet lui-même, *manu propria*, dans la lettre du 6 octobre ;

Attendu que le même Préfet, après avoir, en se servant du Maire et du Conseil municipal, comme agents, fait évacuer l'établissement, a participé à tous les actes de garde, d'inventaire, d'apposition de placards, de vente de denrées, de distribution des deniers; qu'il a signé encore *manu propria* un certain nombre d'ordres concernant ces actes, *qu'il a même pris un arrêté pour passer outre à une ordonnance de justice qui défendait la vente ;*

Que toutes les délibérations postérieures prises par le Conseil portent *qu'il agit par les ordres du Préfet ;*

Attendu qu'après les huit jours employés à vaincre la résistance des Frères, grâce aux incidents de l'inventaire que n'ont pu dresser les adjoints, de l'inventaire que le commissaire désigné a dressé, des retards apportés à la vente, l'établissement n'a pu être évacué que le 19 octobre ;

Que c'est pour cette raison, qu'à cette date seulement il a reçu des troupes envoyées par le Préfet, conformément à la délibération du 28 septembre, après avoir déjà reçu quelques hommes les 25, 26, 27 septembre ;

Attendu que cette occupation a persisté jusqu'au jour où il n'y a plus eu de troupes à loger ;

Qu'alors l'établissement a été livré au génie militaire pour être converti en hôpital (voire la lettre au dossier) ;

Qu'ensuite les besoins de la Défense nationale ayant cessé par suite de la fin des opérations militaires, ordre a été donné de le restituer par deux lettres de M. Valentin et de M. Gomot, lesquelles disent « *que l'établissement avait été requis pour les besoins de la défense* » ;

Attendu que les retards apportés à une remise effective de l'établissement aux mains des Frères, ne sont nullement venus des prétentions de la Commune de garder l'établissement comme sien, ce qui est inadmissible, quand on considère qu'à ce moment et même avant, les autres établissements religieux étaient restitués, mais des dificultés soulevées à l'occasion des locations qui avaient été faites d'une partie des immeubles.
(Voir pièces au dossier).

Attendu qu'au cours de toute cette occupation, des consommations de denrées, des dégâts, des détournements ont été commis.

Les premiers, pendant le séjour des gardes nationaux, les Frères encore présents, les autres surtout au moment de la vente, grâce aux complaisances et complicités de Denis Brack, et parce que la consigne avait été levée de ne rien laisser sortir ;

Attendu qu'il s'agit de qualifier ces faits et de déterminer les responsabilités ;

Attendu qu'une première responsabilité apparaît incontestable : la responsabilité personnelle de M. Challemel-Lacour, du maire, des adjoints, du Conseil ;

Attendu, en effet, que, s'il n'est pas douteux qu'à un moment donné l'établissement des Frères a été affecté à un service public, les moyens employés, quel que soit le mobile auquel on ait obéi, occupation par la force armée, expulsion des propriétaires, vente des denrées, emploi des deniers, location des immeubles, ont été absolument illégaux, ont constitué des abus de pouvoir ;

Attendu que les agents du pouvoir, quels qu'ils soient, ayant une autorité officielle à laquelle obéissance est due au nom de la loi, ont reçu l'autorité dont ils sont investis pour en user à leurs risques et périls conformément à la loi, et non pour en user en violant la loi.

Attendu que dans l'espèce, les agents ci-dessus nommés, en réclamant au nom de la loi obéissance à leurs actes, ont abusé de leur autorité en commettant des actes contraires à la loi ; qu'ils tombent, vis-à-vis de ceux qui ont obéi et qui ont souffert un préjudice, sous le coup des articles 1382-1384 ; qu'ils ne sont plus protégés par l'article 75 et ne peuvent décliner cette responsabilité ;

Sauf à eux à se retourner vis-à-vis de ceux dont ils tiennent l'autorité, à démontrer qu'ils ont agi pour le mieux, eu égard aux circonstances, et à se faire décharger par eux, appelés comme garants, de la responsabilité qu'ils ont encourue ;

Attendu que si le Préfet, le Maire, le Conseil municipal étaient solvables, personne ne songerait à invoquer et à justifier une autre responsabilité ;

Qu'une insolvabilité ne peut pas modifier le droit ;

Que le procès contre la Commune est né, tous les efforts ont été tentés, la loi dénaturée, parce que cette insolvabilité étant reconnue, on a posé *en principe que les Frères devaient être, quoiqu'il arrive, indemnisés ;*

Que ce principe est absolument faux ; que chaque jour les dommages les plus considérables sont causés par suite de faits criminels, correctionnels, dolosifs, et cependant les victimes ne sont pas indemnisées, parce que les auteurs de ces dommages sont insolvables ;

Attendu que c'est donc en partant d'un principe erroné qu'on a dit : *La Commune doit payer* et qu'on a essayé d'établir qu'elle devait payer ;

Attendu qu'on n'a pas essayé de s'adresser à l'Etat parce que l'Etat ne pouvait être condamné qu'à payer au simple ;

Qu'il y a lieu d'examiner à tous les points de vue la responsabilité qu'on veut faire peser sur la Commune ;

Attendu qu'on invoque la loi de Vendémiaire;

Attendu que trois conditions sont requises pour l'application de la loi de Vendémiaire :

1° Des attroupements ou rassemblements armés ou non armés agissant à force ouverte, par violence ;

2° Ces attroupements commettant des attentats, des délits ;

3° La Commune étant en faute ;

Attendu qu'on ne peut assimiler à des attroupemente et rassemblements trente-quatre gardes nationaux obéissant à un ordre de service, agissant au nom de l'autorité légale, et non insurrectionnelle, se renouvelant chaque jour ;

Qu'il ne faut pas confondre les attentats engendrant la responsabilité de la loi de Vendémiaire commis par les attroupements eux-mêmes avec l'attentat résultant de l'abus de pouvoir commis par l'autorité qui a mis en mouvement la force armée, quelle soit la garde nationale ou l'armée régulière, non plus avec les attentats, crimes, délits, pouvant être commis, au cours de l'occupation résultant de l'abus de pouvoir, par des gardiens infidèles ou négligents qui ont pillé, détourné ou laissé piller ou détourner ;

Que dans l'espèce, les adversaires eux-mêmes reconnaissent que les gardes nationaux ne pouvaient être poursuivis et condamnés, que ce ne sont donc pas eux qui ont commis l'attentat ; qu'on hésiterait même à déclarer punissables dudit attentat au point de vue pénal, les adjoints qui se couvriraient de l'ordre du Préfet ; que, dans tous les cas, trois adjoints ne peuvent constituer un attroupement, que la preuve que tel n'a pas été le sens donné par la loi au mot attroupements et au mot attentats, c'est que dans la pensée de la loi les attentats sont commis instantanément par des bandes et la répression, c'est-à-dire le paiement de l'indemnité doit avoir lieu dans les vingt-quatre jours et est confiée aux autorités locales. (Titre dernier de la loi de Vendémiaire.)

Sur la troisième condition :

Attendu qu'aux termes des articles 1382, 1384, toute responsabilité implique une faute ;

Que ce principe a été contesté pour la responsabilité édictée par la loi de Vendémiaire : qu'on l'a admis, dans les cas prévus par les art. 5 et 7, parce que le texte était formel, mais qu'on l'a repoussé dans les autres cas, notamment quand les rassemblements sont composés d'étrangers et d'habitants ou d'habitants seulement ;

Que cette distinction était immorale, la responsabilité collective d'habitants devant à bien plus juste titre, qu'une responsabilité particulière, impliquer une faute ;

Que cette distinction était proscrite par les décrets antérieurs à la loi de Vendémiaire (Voir les textes) ;

Qu'elle a été proscrite d'une manière définitive par la Cour de cassation, toutes chambres réunies, laquelle a dit dans son arrêt du 15 mai 1841 :

« *Attendu que nul n'est tenu de réparer le dommage qu'il n'a pu prévenir ni empêcher* » (Voir Sourdat).

Que cet arrêt casse dix arrêts de la Cour de Paris ;

Que la Cour de cassation n'est point revenue sur sa jurisprudence ;

Qu'on objecte qu'il y a un cas au moins dans lequel la responsabilité n'implique pas une faute, c'est le cas où les rassemblements sont formés d'étrangers, les communes auxquelles ces étrangers appartiennent étant responsables ;

Que cet article démontre au contraire l'inapplicabilité de la loi à l'espèce actuelle, sous tous les rapports ;

Qu'il a eu en vue des attroupements tumultueux se formant dans un pays, avec un caractère séditieux, se grossissant dans chaque commune avec un but avoué, d'où une faute pour chaque commune de n'avoir pas empêché ses membres d'y assister ;

Attendu en fait que la Commune n'a pu rien empêcher, que toutes les protestations pacifiques ont été épuisées et ont été inutiles, que la résistance des Frères, du garde-champêtre, du secrétaire de la mairie, les arrestations opérées par les gardes nationaux, les démarches réitérées du Maire actuel et des plus forts imposés, l'ordonnance du Président mise à néant par le Préfet, le démontrent.

Que le dernier recours était de prendre les armes ;

Qu'on ne peut demander à une commune compte de ne pas s'être insurgée contre le pouvoir régulier, abusant de son autorité sans doute, mais agissant comme représentant le pouvoir central et au nom du pays ;

Attendu que cette interprétation de la loi, quant aux trois conditions, est justifiée par l'histoire de la loi, par ses précédents, par son esprit, par les circonstances dans lesquelles elle a été créée.

Qu'elle a été édictée par le pouvoir régulier et légal, la Convention alors, contre les tentatives insurrectionnelles, celle de la commune de Paris notamment ; qu'elle a été un devoir d'assistance et de défense mutuelle, imposé à tous dans l'intérêt et au nom du pouvoir régulier et légal, d'où il suit, sans doute, que la responsabilité n'est pas écartée, qu'elle est plutôt aggravée, quand certaines autorités locales, des maires, des conseillers, des gardes nationaux se mêlent aux attroupements, les favorisent, ou par peur ferment les yeux et laissent faire.

Mais qu'il en 'est autrement quand les faits incriminés émanent des autorités constituées, agents du pouvoir régulier, agissant au nom de leur autorité légale, et non insurrectionnellement, se servant de la force régulière, des fonctions dont ils sont investis, invoquant la raison tirée de l'intérêt du pays, et requérant de la part des citoyens l'obéissance aux pouvoirs régulièrement constitués.

(Qu'autrement la loi de Vendémiaire serait applicable toutes les fois qu'un ou plusieurs fonctionnaires abuseraient de leur pouvoir.

Attendu, par conséquent, que la loi de Vendémiaire doit être écartée ;

Attendu que le jugement dont est appel a suffisamment démontré que la commune ne saurait-être responsable en vertu des principes du mandat ou en vertu des art. 1382, 1384 ;

Attendu qu'elle ne saurait-être responsable non plus, aux termes de la loi de 1791, sous le prétexte que le Maire et le Conseil étant chargés d'assurer le logement et le casernement des troupes, ils ont agi dans la limite de leurs attributions en occupant l'établissement des Frères, et ont engagé la Commune pour tous les faits qui ont suivi cette occupation ;

Attendu, en effet d'abord, qu'au point de vue de ces attributions, les maires agissent comme agents du Pouvoir central, et point comme représentants de la commune (Voir Dufour) ; dans l'espèce, ils auraient donc engagé l'Etat ;

Attendu d'ailleurs que le texte de la loi et les faits de la cause protestent contre cette responsabilité ;

Attendu qu'on a allégué, dans l'intérêt de la Commune, que l'Etat devait être responsable parce qu'il y avait eu réquisition par le Préfet du Rhône dans l'intérêt de la Défense nationale ;

Qu'on a répondu, que ni sous le rapport de la forme employée, ni sous le rapport des actes accomplis, le fait de réquisition ne pouvait être soutenu :

Sous le rapport de la forme le mot de *réquisition* n'a jamais été employé à l'origine, et quand MM. Valentin et Gomot s'en sont servis, ils ne faisaient allusion qu'à la période pendant laquelle les troupes avaient été logées.

Sous le rapport des actes accomplis, c'est seulement le 18 octobre que des troupes ont été logées ; jusque-là il y a eu une occupation violente, des actes d'expulsion, de vente, etc., aucun emploi de l'immeuble à un service public ; donc rien qui ressemble à une réquisition ;

Attendu que les adversaires sont obligés de reconnaître, quant à la forme, qu'aucun cas ne prévoit la réquisition des immeubles ; qu'en fait, elle a eu lieu plusieurs fois, et plusieurs fois les Tribunaux ont fait peser de ce chef une responsabilité sur la Ville ou l'Etat, quoique la réquisition fût résultée seulement d'une occupation par l'ordre de l'autorité compétente ;

Attendu, quant au défaut d'emploi de l'immeuble et aux actes commis, que les adversaires ne peuvent pas encore méconnaître que si, après que sur l'ordre du Préfet, 34 gardes nationaux eurent occupé l'immeuble, les Frères n'eussent pas été expulsés, aucun dégât n'eût été commis, et des troupes n'eussent été logées que 18 jours après, il y eût eu néanmoins réquisition et l'Etat n'eût pas contesté sa responsabilité ;

Attendu, en effet, que la réquisition n'exige pas l'emploi immédiat de l'immeuble requis :

Attendu que si cet emploi a été retardé par la résistance des Frères, par les ventes, même, si on veut, par la volonté arbitraire du Préfet, si l'occasion des ordres d'occupation donnés par le Préfet, en vue d'utiliser l'immeuble, il y a eu des abus de pouvoir, des illégalités, la réquisition n'en existe pas moins, car l'immeuble a été occupé pour les besoins de la Défense nationale, après qu'on avait expulsé les Frères et inventorié les objets qu'ils possédaient, et il a été réellement occupé et employé à loger les troupes ;

Que nous nous retrouvons dès-lors en face d'abus de pouvoirs, d'illégalités commis à l'occasion d'une réquisition ; que c'est affaire entre Challemel, agent responsable et l'Etat ;

Qu'on ne saurait soutenir qu'à Lyon les Frères de la Doctrine chrétienne expulsés des Ecoles par ordre du Préfet auraient pu réclamer une indemnité contre la Ville ;

Attendu enfin qu'en admettant toute l'appréciation des adversaires sur les faits, que le mot de la Défense nationale ait été une hypocrisie, que le Préfet n'ait voulu que prendre et garder, il n'en est pas moins vrai que lui, le Maire, les Adjoints, le Conseil étaient les autorités constituées légalement et non insurrectionnelles ;

Qu'ils étaient des fonctionnaires, des agents du pouvoir, qu'ils ont agi comme tels, se servant de la force régulière régulièrement commandée, qu'ils se sont servi de la garde nationale, qu'ils auraient pu se servir de la troupe, de la gendarmerie ;

Que la loi a déterminé les limites des attributions de chaque agent, que les actes commis dans ces limites engagent les corps dont ils sont les agents ; mais que les actes commis en dehors ne les engagent pas.

Que ce principe a été proclamé pour l'Etat, quant aux actes du Préfet ;

Qu'il est vrai pour la Commune, quant aux actes du Maire et du Conseil ;

Que s'il n'y a pas réquisition, mais occupation violente, illégale, en dehors des attributions de ceux qui l'ont consommée, c'est un acte qui, ne rentrant pas dans leurs attributions, n'engage qu'eux ;

Qu'on ne saurait soutenir que si le Maire et les adjoints se fussent transportés chez les Frères et eussent assassiné, la Commune serait responsable ;

Qu'elle ne peut l'être pour des faits moins graves.

Attendu, enfin, que la jurisprudence du Tribunal et de la Cour de Lyon ont consacré ces principes ;

Que d'abord ils ont restreint l'application de la loi de Vendémiaire aux quatre ou cinq jours qui ont suivi le 4 Septembre, et parce que, dit notamment l'arrêt des Missions Africaines, il y a eu participation d'une autorité insurrectionnelle ;

Et si pour les périodes subséquentes, ils ont infligé une responsabilité soit à la Commune, soit à l'Etat, c'est parce que l'une et l'autre avaient occupé pour des besoins d'ordre public ou local, la commune, pour loger ses légions qu'elle-même organisait, l'Etat pour loger des troupes.

Or, attendu qu'à Caluire l'immeuble a été occupé pour loger des troupes que n'avait point à loger la Commune, dont le logement regardait l'Etat ;

Qu'on se trouve ainsi toujours ramené devant la responsabilité de l'Etat et la responsabilité[personnelle des agents.

Par ces motifs, la Commune conclut à ce qu'il plaise à la Cour réformer le jugement dont est appel, la renvoyer sans dépens.

Lyon.— Imp. du Salut Public.— Bellon, r. de Lyon, 33.